Armin Täubner

Pliages pour l'hiver

Quoi de plus agréable, quand l'hiver est arrivé, que de préparer les petits gâteaux de Noël ? C'est naturellement un plaisir de les grignoter en famille tout en bricolant des figurines de toutes les couleurs. Celles-ci sont réalisées très simplement avec des feuilles de papier ou d'alu pliées en accordéon et des bandes de papier pliées en escalier. Ces dernières s'achètent déjà toutes découpées dans les magasins de loisirs créatifs sous la désignation de « bandes à tresser ». Vous trouverez ici une foule d'idées de pliages pour réaliser des personnages propres à créer l'atmosphère de Noël dans la maison : anges, bonshommes de neige et ours blancs réjouis que l'hiver soit là, Pères Noël et rennes qui attendent de jouer leur rôle et bien d'autres choses encore.

Je vous souhaite un bel hiver et beaucoup de plaisir à réaliser ces pliages pour décorer votre intérieur.

VOTRE MATÉRIEL DE BASE

Les fournitures et outils ci-dessous étant souvent utilisés, vous devez les avoir toujours à votre disposition car ils ne sont pas cités en particulier dans la liste de fournitures accompagnant chaque modèle.

- papier calque, carton mince (pour les gabarits)
- crayon
- équerre
- ciseaux
- cutter avec support de coupe approprié, éventuellement
- pince coupante (pour couper le fil métallique)
- crayon de couleur rouge
- crayon-feutre fin noir
- colle universelle, telle que UHU
- poinçon
- pince emporte-pièce
- couteau
- marteau (pour couper en deux les perles en bois)

Remarque

Par « chute », on entend toujours un morceau d'une dimension inférieure à A5.

Comment faire

Pliages en escalier

Coller l'une sur l'autre, perpendiculairement, les extrémités de deux bandes de papier de même largeur et de même longueur. Plier la bande située au-dessous (blanche sur l'illustration) sur la bande rouge du dessus. Plier ensuite la bande rouge sur la blanche et ainsi de suite, jusqu'à ce que l'escalier ait atteint la longueur souhaitée. Pour se repérer dans la longueur des bandes pliées, on compte les plis du côté endroit et du côté envers. La longueur des bandes indiquée dans les listes de fournitures est un peu supérieure pour compenser d'éventuels petits écarts lors du pliage. Couper ensuite simplement les extrémités de bandes qui dépassent. Pour que l'escalier ne se défasse pas, on colle le dernier pli ou l'avant-dernier, selon le modèle.

Accordéons

Plier un rectangle de papier tous les 1 cm, alternativement vers l'avant et vers l'arrière. Marquer auparavant la première ligne de pliage avec un léger trait de crayon à l'aide d'une équerre et plier le papier une première fois. Retourner le papier et plier le deuxième pli, etc.

Conseil

Avec les papiers épais, en particulier, il est utile, pour plier le papier avec précision, de rainurer les lignes de pliage au préalable avec un cutter et une équerre.

Gabarits

Reporter le modèle de la planche au crayon sur du papier calque. Coller le papier calque sur un morceau de carton et découper celui-ci suivant le contour. Le gabarit en carton ainsi obtenu permet de reporter un modèle autant de fois que souhaité sur du papier cartonné ou autre, de le découper et de le combiner avec des escaliers et des accordéons.

Gabarits pour peluche à longs poils

Les gabarits pour la peluche se rapportent uniquement au textile se trouvant sur l'envers de la peluche, non à la longueur des poils. En posant le gabarit en carton sur l'envers de la peluche, veiller à respecter le sens des poils (voir la flèche tracée sur le modèle de la planche). Lors du découpage, passer la pointe des ciseaux avec précaution sous les poils. Ne raccourcir ni friser les poils qu'après avoir collé la peluche.

Couper en deux des perles en bois

Poser la perle en bois sur un support de coupe approprié. Placer le couteau sur le trou de la perle et fendre celle-ci par un léger coup de marteau donné sur la lame du couteau.

Trio de Pères Noël

→ distribuent leurs cadeaux à pleines mains

HAUTEUR
15 cm env.

FOURNITURES POUR UN PÈRE NOËL

- papier fort rouge, A4
- chute de papier cartonné ou de papier fin de couleur chair
- pompon rouge, ø 7 mm
- pompon blanc, ø 1 cm
- chute de peluche à longs poils blanche
- bâtonnet de bois rond, ø 3 mm, longueur 25 cm
- peinture acrylique rouge
- 2 yeux mobiles, ø 5 mm
- petite pince, éventuellement
- pince emporte-pièce

PLANCHE DES MODÈLES 1A

1 Le bonnet, les manches et le tronc sont trois pièces séparées qui sont chacune pliées en accordéon. Après avoir plié les trois pièces, percer un trou en leur milieu à la pince emporte-pièce. Enfoncer les parties percées sur le bâtonnet de bois rond peint en rouge.

2 Découper la tête dans le papier cartonné, coller la barbe en peluche, puis la raccourcir (la flèche indique le sens des poils de la peluche). Coller le pompon rouge pour le nez et les yeux mobiles (utiliser de préférence une petite pince, poser la colle et appuyer). Coller les cheveux sur le front, puis les recouper. Coller la tête sur le bonnet et les manches. Fixer les deux mains derrière les manches et coller le pompon blanc sur le bonnet.

Conseil

Ces Pères Noël sont un petit « plus » très apprécié pour accompagner un cadeau offert à la Saint-Nicolas ou à Noël.

Anges blancs et cristaux de neige

→ une atmosphère glaciale

HAUTEUR
ange 11 cm env.
cristal de neige 14 cm env.

FOURNITURES POUR L'ANGE

- chute de papier à imprimante blanc
- chutes de papier cartonné blanc (ailes) et chair (mains)
- fil de métal argent, ø 0,35 mm, longueur 50 cm
- perle en bois naturel, ø 2 cm
- peinture acrylique chair
- crayon ; crayon de couleur rouge (visage)
- peluche à longs poils blanche, largeur 1 cm, longueur 6 cm

POUR UN CRISTAL DE NEIGE

- 2 bandes de papier fin blanc, largeur 2 cm, longueur 30 cm (7 plis)
- chute de papier cartonné blanc (cristal de neige)
- perle en bois naturel, ø 2 cm
- peinture acrylique chair
- crayon ; crayon de couleur rouge (visage)
- 2 petites plumes duvetées blanches
- cordonnet de coton blanc, ø 1 mm, longueur 50 cm

PLANCHE DES MODÈLES 2B

Ange blanc

1 Tracer le visage sur la perle en bois peinte en chair. Pour les cheveux, coller la bande de peluche autour de la tête de manière à ce que les cheveux soient placés vers l'avant. Raccourcir les cheveux, le cas échéant.

2 Découper le vêtement et les manches suivant le modèle dans le papier à imprimante blanc et plier le vêtement en accordéon à 19 plis, les manches en accordéon à sept plis.

3 Percer l'accordéon du vêtement aux endroits marqués avec le poinçon et passer le fil de métal dans les trous jusqu'à la moitié. Percer deux trous au milieu des manches pliées et y passer les deux extrémités de fil (voir aussi la planche des modèles pour l'ange aux cheveux d'argent de la page 11). Rabattre les manches vers le bas.

4 Enfiler le cristal du col et la tête sur les extrémités du fil. Coller les mains.

Cristaux de neige

1 Plier les deux bandes de papier en escalier à sept plis (voir page 2). Percer deux trous (écartement de 5 mm) au milieu dans le dernier pli avant de le coller et passer le cordonnet dans les trous.

2 Peindre la tête en chair et dessiner le visage. Enfiler la tête et le cristal de neige sur le cordonnet et les coller.

3 Coller une plume duvetée sur le tronc en escalier aux deux angles supérieurs opposés.

Sapins enneigés

→ pour un Noël tout blanc

HAUTEUR
11 cm env.

PLANCHE DES MODÈLES 1B

FOURNITURES POUR UN SAPIN

- chute de papier mûrier blanc
- fil de métal argent, ø 0,35 mm, longueur 50 cm
- 11 à 13 étoiles argentées, ø 1 cm
- étoile argentée, ø 1,8 cm
- feutre scintillant argent

1 Découper les trois parties d'arbre suivant le modèle de la planche et les plier sept fois. Percer deux trous avec le poinçon au milieu de l'accordéon le plus long et y passer le fil de métal argent. Ouvrir les extrémités de l'accordéon vers le bas et les assembler à la colle (voir la planche des modèles, fig. 1).

2 Enfiler l'accordéon formant la partie centrale de l'arbre, percée également de deux trous en son milieu, sur le fil de métal, l'ouvrir vers le bas et l'assembler à la colle de manière à ce que les deux fils ne soient plus visibles (fig. 2).

3 Enfiler l'accordéon le plus court pour former la cime du sapin, l'ouvrir également vers le bas et l'assembler à la colle (fig. 3).

4 Décorer le sapin terminé avec des étoiles argentées et un feutre scintillant. Passer éventuellement le feutre scintillant sur les étoiles argentées.

Anges aux cheveux d'argent

→ chantent avec des voix douces

HAUTEUR
11 cm env.

FOURNITURES POUR UN ANGE

- chute de papier calque rayé rouge ou bleu
- chute de papier de soie sauvage blanc (ailes) et bleu ou rouge (col)
- chute de feuille de PVC pour mobiles (ailes)
- cheveux artificiels argent
- fil de métal argent ø 0,35 mm, longueur 50 cm
- perle en bois, ø 2 cm
- peinture acrylique chair
- crayon de couleur rouge (bouche et joues)
- crayon-feutre fin noir (nez et yeux)
- colle scintillante argent
- ciseaux à cranter, éventuellement (col)

PLANCHE DES MODÈLES 1B

1 Pour le vêtement, plier le papier calque en accordéon 13 fois (une flèche sur le modèle de la planche indique la direction des rayures). Former des accordéons de cinq plis en papier calque pour les manches.

2 Percer l'accordéon du vêtement avec le poinçon à l'endroit marqué et y passer le fil métallique argent jusqu'à la moitié. Percer deux trous au milieu de l'accordéon des manches et y passer les deux extrémités du fil. Rabattre les manches vers le bas.

3 Découper le col aux ciseaux à cranter dans le papier de soie sauvage. Percer un trou au milieu du col et y passer les deux extrémités du fil.

4 Dessiner le visage sur la perle en bois peinte en chair. Passer les extrémités du fil de métal dans la tête. Poser une touffe de cheveux artificiels sur le haut de la tête entre les deux extrémités de fil et torsader celles-ci de manière à ce que les cheveux reposent bien sur la tête.

5 Pour les ailes, réaliser un gabarit en carton (voir page 3) et en reporter le contour sur le papier de soie sauvage blanc. Coller les ailes auparavant à la colle en bâton sur la feuille pour mobile afin des les rigidifier. Les découper ensuite et les coller sur l'ange.

6 Décorer le vêtement et les ailes avec de la colle scintillante.

Rennes

→ vont bientôt être très occupés

HAUTEUR
12 cm env.

FOURNITURES POUR UN RENNE

- chute de papier fin gris
- 2 bandes de papier fins gris, largeur 2 cm, longueur 35 cm (8 plis)
- chute de papier cartonné chair (ramure) et éventuellement bleu
- perle en bois rouge ou noire, ø 8 mm (nez)
- 4 perles en bois naturel, ø 1 cm
- peluche à longs poils blanche
- crayon-feutre fin noir
- marqueur brillant blanc, éventuellement
- ficelle de papier armé blanche ou écrue (à peindre à la peinture acrylique grise), longueur 12 cm (pattes de devant) et 14 cm (pattes de derrière)
- peinture acrylique grise
- fil de fer à fleurs recuit, ø 0,65 mm, longueur 15 cm
- 5 pastilles adhésives, 5 mm x 5 mm
- clochette blanche, éventuellement
- fil de coton rouge, ø 1 mm, longueur 20 cm, éventuellement

PLANCHE DES MODÈLES 2A

1 Découper les différentes parties suivant le modèle. Coller la perle en bois coupée en deux (voir page 3) sur la partie ronde du museau. Fixer la partie museau avec deux pastilles adhésives sur la tête. Dessiner les yeux et les oreilles avec un feutre fin noir. Fixer la ramure par derrière. Découper la bande de peluche (voir page 3), lui donner une forme de U et la coller ainsi derrière la tête de manière à ce que les poils dépassent sur les côtés et vers le bas. Coller en outre un petit morceau de peluche (env. 1 cm x 5 mm) sur le front. Raccourcir les poils de peluche à env. 2 cm.

2 Plier les deux bandes de papier fin en escalier à huit plis (voir page 2). Coller le fil métallique le plus court pour les pattes de devant. Plier la partie cou en papier fin le long de la ligne en tirets. Coller la surface en pointillés sur l'extrémité supérieure de l'escalier et la ficelle de papier armé. Coller la ficelle de papier armé pour former les pattes de derrière à l'autre extrémité de l'escalier. Pour maintenir la ficelle de papier armé, coller dessus à cet endroit un carré de papier gris (env. 2 cm x 2 cm). Coller une perle en bois aux extrémités des pattes.

3 Percer l'escalier en son milieu dans le sens de la longueur avec le poinçon et y passer le fil de métal. Former un petit œillet aux deux extrémités du fil et le recourber perpendiculairement. Couper le fil de métal qui dépasse. Fixer la tête avec trois pastilles adhésives sur le cou rabattu vers le haut.

4 Écrire des inscriptions sur des étiquettes à son idée et les coller sur les sabots des rennes. Une clochette accrochée au cou des rennes complète bien ce tableau.

LA BELLE SAISON DE L'HIVER
LA NEIGE TOMBE SILENCIEUSE-MENT

Bonshommes de neige suspendus

→ apportent un peu de gaieté

HAUTEUR
9 cm env.

FOURNITURES POUR UN BONHOMME DE NEIGE

- 2 bandes de papier fin blanc, largeur 2 cm, longueur 35 cm (8 plis)
- perle en bois naturel, ø 2 cm (tête) et rouge, ø 6 mm (nez)
- peinture acrylique blanche (tête)
- crayon-feutre fin noir (traits du visage)
- crayon de couleur rouge (joues)

EN OUTRE
BONHOMME DE NEIGE AU CHAPEAU HAUT DE FORME

- reste de fibres artificielles jaunes ou marron (cheveux)
- chute de papier mûrier rouge ou bleu (col)
- chapeau haut de forme, ø 3 cm

BONHOMME DE NEIGE AU BONNET

- fil chenille, ø 8 mm, en vert longueur 2 x 9 cm (cou et écharpe) et rouge, longueur 14 cm (spirale du bonnet) ou bleu, longueur 12 cm (écharpe) et jaune, longueur 9 cm (cou) et 14 cm (spirale du bonnet)

PLANCHE DES MODÈLES 2A

1 Peindre la tête en blanc, coller le nez formé de la perle en bois coupée en deux (voir page 3) et dessiner le visage au crayon-feutre noir et au crayon de couleur rouge.

2 Pour les bonshommes de neige avec le chapeau haut de forme, coller des fibres de 2 cm de long en guise de cheveux et poser le chapeau. Coller la tête sur le col découpé aux ciseaux à cranter.

3 Pour les bonshommes de neige avec le bonnet, plier en deux le fil chenille de 9 cm de long pour le cou et le passer dans la tête de manière à faire dépasser les extrémités de 1 cm dans le bas (voir la planche des modèles). Enrouler autour du cou ainsi obtenu l'écharpe en fil chenille verte de 9 cm ou la bleue de 12 cm. L'extrémité du fil chenille qui sort en haut de la tête forme la pointe du bonnet. Pour le bonnet, coller le fil chenille rouge ou jaune comme un turban autour de la tête et l'enrouler en spirale devenant de plus en plus petite jusqu'à la pointe.

4 Plier les bandes de papier en escalier en formant huit plis, comme décrit page 2. Coller le cou en fil chenille ou le col en papier mûrier sur l'escalier.

Conseil

Passer un fil dans le chapeau comme on le voit sur l'illustration. Celui-ci permet de suspendre les bonshommes de neige à l'arbre de Noël ou à des branches de sapin.

Anges aux cheveux rouges

→ se réjouissent que Noël approche

HAUTEUR
12 cm env.

FOURNITURES POUR UN ANGE

- 4 bandes de papier mûrier rouge foncé, largeur 1 cm, longueur 12 cm (bras, 4 plis)
- 2 bandes de papier mûrier rouge foncé, largeur 2 cm, longueur 30 cm (tronc, 7 plis)
- chute de papier mûrier blanc (ailes)
- perle en bois naturel, ø 2 cm
- peinture acrylique chair
- colle scintillante or
- crayon ; crayon de couleur rouge (traits du visage)
- fil perlé rouge foncé, longueur 20 x 8 cm (cheveux)
- cordonnet de coton noir, ø 1 mm, longueur 50 cm
- fil de fer à fleurs recuit, ø 0,35 mm, longueur 10 cm (fixation des cheveux)

PLANCHE DES MODÈLES 1A

1 Peindre la perle en bois en chair et dessiner le visage.

2 Plier les deux bandes de papier les plus larges en escalier à 7 plis pour former le tronc (voir page 2). Avant de coller le dernier pli, percer deux trous au centre de celui-ci (écartement des trous env. 5 mm). Passer le fil de suspension noir dans ces trous. Coller le pli et passer le fil de suspension dans la tête à partir du bas.

3 Avec les quatre bandes de papier plus étroites, former deux escaliers à quatre plis pour les bras. Ne coller ni le début ni la fin de ces escaliers ! Coller le début de l'escalier pour le bras sur l'escalier du tronc pour former l'épaule. Après quatre plis pour le bras, coller le dernier pli de manière à ce qu'il s'écarte pour former la main. Arrondir ce pli aux ciseaux.

4 Réunir les cheveux en touffe au milieu avec le fil de fer et les rentrer de 1,5 cm dans la tête. Comme il est difficile de rentrer les cheveux dans le trou de la tête, on peut utiliser, en fonction du fil, plus ou moins de brins que le nombre indiqué. En même temps, tirer le fil de suspension dans la direction opposée. Couper les extrémités du fil de fer qui dépasse en bas à la pince coupante.

5 Orner les plis du corps et les ailes avec de la colle scintillante. Coller les ailes ensuite.

Bonshommes de neige sociables

→ ils sont garantis ne pas fondre

HAUTEUR
12 cm env.

FOURNITURES POUR UN BONHOMME DE NEIGE

- chute de papier fin blanc
- chutes de papier cartonné blanc, orange, rouge, bleu, vert, noir et jaune
- crayon-feutre fin ou feutre à effet gonflant noir
- crayon de couleur rouge
- bâtonnet de bois rond, ø 3 mm, longueur 25 cm
- peinture acrylique blanche
- pince emporte-pièce

PLANCHE DES MODÈLES 2A

1 Découper le tronc dans le papier fin suivant le modèle et le plier en accordéon. Percer un trou au milieu avec la pince emporte-pièce,

2 Peindre le bâtonnet de bois en blanc. Introduire le tronc plié sur le bâtonnet, puis le déplier.

3 Découper la tête, le chapeau et le nœud papillon dans le papier cartonné, les décorer, les assembler et les coller sur l'extrémité supérieure du bâtonnet.

Carillon

→ un son clair et joyeux

HAUTEUR
5 cm env.

FOURNITURES POUR UNE CLOCHE

- chute de papier mûrier blanc ou rouge
- perle en bois naturel, ø 1 cm
- peinture acrylique or
- colle scintillante or
- fil de métal doré, ø 0,35 mm, longueur 50 cm

PLANCHE DES MODÈLES 2A

1 Découper la cloche suivant le modèle et plier le papier en accordéon avec des plis de 1 cm. Percer un trou aux endroits marqués avec un poinçon.

2 Enfiler la perle en bois peinte à la peinture acrylique au milieu du fil de métal. Torsader deux fois les deux extrémités du fil juste sur la perle, puis introduire les deux extrémités du fil de métal dans les deux trous de la cloche encore pliée.

3 Déplier la cloche et la décorer avec de la colle scintillante. Après le séchage, refermer un peu la cloche.

Conseil

Il est conseillé de réaliser plusieurs cloches et de les accrocher proches les unes des autres. Elles seront ainsi mieux mises en valeur.

Élans

→ en pleine conversation l'après-midi

HAUTEUR
12 cm env.

FOURNITURES POUR UN ÉLAN

- 2 bandes de papier marron, largeur 2 cm, longueur 35 cm (8 plis)
- chutes de papier cartonné marron, chair et, éventuellement, vert ou blanc
- marqueur brillant rouge (inscription des étiquettes), éventuellement
- 4 perles en bois, ø 1 cm
- 5 perles en bois rouges, ø 6 mm, éventuellement
- peinture acrylique blanche (pour les yeux)
- crayon-feutre fin noir (visage) et, éventuellement, vert (nervures des feuilles)
- ficelle de papier armé marron, ø 2 mm, longueur 10 cm et 12 cm
- fil de fer à fleurs recuit, ø 0,65 mm, longueur 15 cm
- fil de fer à fleurs recuit, ø 0,35 mm, longueur 30 cm (guirlande de baies), éventuellement
- 4 pastilles adhésives, 5 mm x 5 mm
- bâtonnet de bois rond, ø 3 mm (pour peindre les yeux)
- fil de coton rouge, longueur 20 cm, éventuellement

PLANCHE DES MODÈLES 2B

1 Découper la tête, la ramure et la partie cou suivant le modèle et peindre les yeux en tamponnant de la peinture acrylique avec le bâtonnet de bois. Tracer les pupilles et les narines avec un feutre noir. Coller la ramure par derrière.

2 Plier les deux bandes de papier fin en escalier à huit plis (voir page 2). Coller la paire de pattes arrière de 12 cm de long avec un carré de papier (2 cm x 2 cm) en bas sur l'escalier. Plier la partie cou le long de la ligne en tirets. Coller la deuxième paire de pattes en haut de l'escalier et coller dessus la surface en pointillés de la partie cou.

3 Percer un trou au milieu de l'escalier de haut en bas avec le poinçon et y passer le fil de métal de 15 cm de long. Former un petit œillet à chaque extrémité du fil de métal et le plier à 90°. Couper le reste de fil métallique. Relever le cou vers le haut et fixer la tête avec quatre pastilles adhésives. Coller une perle en bois aux extrémités des pattes.

4 Pour la guirlande de baies, enfiler sur le fil métallique fin, à intervalles de 1 cm, une perle en bois rouge et une feuille découpée dans du papier cartonné suivant le modèle et munie de nervures. Pour que les perles et les feuilles ne glissent pas, torsader ensemble les deux extrémités de fil métallique après les avoir passées dans une feuille. Enrouler les extrémités du fil métallique de la guirlande de baies autour des pattes avant.

5 Découper au choix un cœur ou un sapin dans le papier cartonné blanc, y porter l'inscription avec le marqueur brillant et accrocher l'inscription par un fil autour du cou de l'élan ou la coller sur les sabots.

I LOVE ELKS
MERRY X-MAS

Étoiles de nuit et d'or

→ scintillent à qui mieux mieux

DIAMÈTRE
étoiles de nuit 13 cm à 16 cm
étoiles d'or 20 cm à 25 cm

FOURNITURES POUR UNE ÉTOILE DE NUIT

- chute de feuille d'alu bleu clair avec des étoiles
- feutre scintillant argent
- fil de métal argent, ø 0,35 mm, longueur 10 cm

POUR UNE ÉTOILE D'OR

- chute de feuille d'alu or avec étoiles
- fil de métal or, ø 0,35 mm, longueur 10 cm

PLANCHE DES MODÈLES 1A

Étoiles de nuit

1 On a reproduit sur la planche des modèles, à titre d'exemple, un gabarit de 7 cm de large qu'il suffit de réduire ou d'agrandir de 1 cm en largeur pour les deux autres étoiles. Découper la feuille d'alu suivant le modèle et la plier 17 fois en accordéon. Percer deux trous avec le poinçon au milieu de l'accordéon plié. Passer le fil argent dans les deux trous, torsader les extrémités ensemble tout près de l'accordéon et les couper avec la pince coupante (voir la figure 1 sur la planche des modèles).

2 Placer le gabarit des branches sur l'accordéon et en tracer le tour. Découper les triangles avec un cutter et couper en biais les extrémités de l'accordéon (fig. 2). Lorsque l'étoile est ouverte, les pointes et les entailles sont régulières et symétriques.

3 Déplier les deux extrémités de l'accordéon vers le haut en formant une demi-étoile et les coller (fig. 3 et 4). Déplier l'autre moitié d'étoile vers le bas et la coller. Décorer les arêtes de pliage et le centre de l'étoile avec un feutre scintillant.

Étoiles d'or

Voir aussi l'illustration de la page 32.

1 Les étoiles d'or sont réalisées exactement de la même manière que les étoiles de nuit bleu clair et argent, mais sans entailles. Les branches des étoiles sont réalisées séparément.

2 Découper les branches de l'étoile suivant le modèle, les plier au milieu et les coller sur un pli d'étoile sur deux ou sur quatre. Avant de les coller, découper les extrémités en pointe ou en creux.

Étoiles d'or

Description page 30

CE LIVRE CONTIENT 2 PLANCHES DE MODÈLES

Imprimé par frechdruck GmbH,
Turbinenstrasse 7, 70499 Stuttgart,
Allemagne

Imprimé en Allemagne
Achevé d'imprimer en septembre 2007
ISBN 978-2-84167-529-6

1ère édition : septembre 2007
Dépôt légal : septembre 2007